westermann

Karibu

Arbeitsheft
zum Sprachbuch 3 Bayern

Vereinfachte Ausgangsschrift

Erarbeitet von:
Astrid Eichmeyer, Andrea Warnecke
und Sabine Willmeroth

Bearbeitet für Bayern von:
Astrid Eichmeyer, Franziska Nittschalk,
Andrea Warnecke

Wissenschaftliche Beratung:
Dr. Almut Drummer

Illustriert von:
Svenja Doering und Susanne Schulte

Inhaltsverzeichnis

** Sternenforscherseite/Das kann ich jetzt-Seite in diesen Kapiteln*

Was diese Zeichen bedeuten:

- Ich arbeite mit einem Partnerkind.
- Ich-Du-Wir-Lernform
- Ich bearbeite die Aufgabe in meinem Heft.
- Ich schlage in der Wörterliste nach.
- Ich arbeite an meinem Lerntagebuch
- S. 78 Ich schlage in den Methodenseiten nach.
- Medienbildung

- ● Anforderungsbereich I
- ■ Anforderungsbereich II
- ◆ Anforderungsbereich III

In den Fußzeilen sind die Kompetenzen/Lernschritte der jeweiligen Seite aufgelistet.
Die Schülerinnen und Schüler ...

Lesbar schreiben

1 Schreibe diesen Satz ab.

Am Nachmittag spiele ich
mit meinen Freunden.

2 Untersuche deine Schrift in **1** .

- Habe ich die Lineatur eingehalten?
- Habe ich die Ober- und Unterlängen beachtet?
- Habe ich lesbar geschrieben?

3 Übe diese Buchstaben.

- Buchstaben mit Bögen: n m
- Buchstaben mit Schleifen: b h k
- Buchstaben mit Girlanden: w v u
- Geschlossene Rundformen: a o g d
- Großbuchstaben: J R G

4 Übe diese Buchstabenverbindungen.

ri ver
sta ße

Sätze und Satzzeichen erkennen

1 Schreibe die Sätze mit Satzzeichen richtig auf.

ich gehe zum Sport wo sind meine Schuhe im Flur liegen sie

wo gehst du hin ich möchte mitkommen wartest du auf mich

2 Schreibe den Text richtig auf. Setze Satzzeichen.
Denke an die Großschreibung am Satzanfang.

die Klasse 3a besucht das Heimatmuseum vor dem Eingang zählt die Lehrkraft die Kinder wo ist Niklas

3 Schreibe die Geschichte aus **2** weiter.

Nomen erkennen

1 Finde die Nomen und ihre Artikel. Verbinde sie.
Schreibe die Sätze richtig auf.

JOSEF HILFT DER JUNGEN BÄUERIN .

ER HÄNGT DIE NASSE WÄSCHE AUF .

DIE WEIßE GANS SCHAUT IHM ZU .

2 Markiere alle Nomen.

JOSEF SCHREIBT EINEN LANGEN BRIEF
AN SEINE OMA. ER BERICHTET VON DEM
TOLLEN AUSFLUG ZUR ALTEN BURG.
DIE KLASSE IST IN DAS EISKALTE VERLIES
GEGANGEN. DORT WAR ES DUNKEL UND
GANZ SCHÖN SCHAURIG. MIT EINEM LAUTEN SCHREI
HAT PAUL ALLE ERSCHRECKT. AM ENDE FRAGT
JOSEF, OB OMA LUST HAT, AM WOCHENENDE
MIT IHM IN DEN ZOO ZU GEHEN. ER MÖCHTE
UNBEDINGT DIE FRECHEN AFFEN SEHEN.

3 Was hat dir bei **2** geholfen, die Nomen zu finden?

4 Schreibe die Geschichte aus **2** auf.

Sprachgebrauch und Sprache untersuchen und reflektieren | Sprachliche Strukturen untersuchen: bestimmen die Merkmale von Nomen, indem sie sie variieren, und wenden sie in eigenen Texten richtig an

> SB, S. 12

Zusammengesetzte Nomen nutzen

1 Bilde zusammengesetzte Nomen.
Schreibe sie auf.

Krone	Baumkrone
Stamm	
Haus	
Rinde	

2 Welche Nomen stecken in diesen zusammengesetzten Nomen?
Schreibe so:
Spielplatz = Spiel + Platz, ...

Spielplatz | Mülltonne | Nachtgespenst

3 Schreibe die Sätze mit zusammengesetzten Nomen auf.

Meine Tante holt einen <u>Salat</u> mit <u>Nudeln</u>.

Ich stelle die <u>Schüssel</u> für den <u>Salat</u> hin.

Vokallänge nutzen für Wörter mit ie und i

1 **ie** oder **i**? Sprich die Wörter in Silben und setze ein.
Überprüfe mit Silbenbögen.

w ie gen	s___ngen	fr___ren	W___ppe	L___ste	L___ge
S___lbe	P___lze	w___nken	Z___ge	t___fer	s___ben

2 Trage die Wörter aus **1** ein.
Vergleicht.

Höre ich am Ende der Silbe
ein **i**, schreibe ich meistens **ie**.

1. Silbe offen	1. Silbe geschlossen
wiegen	singen

3 Streiche den Fehler in jedem Satz durch. Schreibe das Wort richtig auf.

Wir sind im Zierkus. ______

Aus einer Kieste hüpft ein Hase. ______

Pudel spriengen durch einen Reifen. ______

Am Ende singen alle Artisten Lider. ______

Sprachgebrauch und Sprache untersuchen und reflektieren

Phonologisches und silbisches Prinzip nutzen: nutzen Silben und Klangunterschiede der Vokale, um sich Schreibungen zu erschließen (<ie> als regelhafte Schreibungen)

> SB, S. 14

Vokallänge nutzen für Wörter mit doppelten Konsonanten

1 Kreuze alle Wörter an, bei denen du einen dunklen kurzen Vokal in der ersten Silbe hörst.

☐ Tasse ☐ Buben ☐ Tonne ☐ Rosen ☐ rollen

2 Bei welchen Wörtern fehlt der doppelte Konsonant? Schreibe diese Wörter richtig auf.

Waser | sagen | mesen | Somer | holen | schwimen

____

3 Schreibe die Reimwörter auf. Setze Silbenbögen.

Ratte	Schiffe	Mutter
Matte	Gr	B
Pl	R	K
W	Pf	F

4 Streiche den Fehler in jedem Satz durch. Schreibe das Wort richtig auf. △

Die Kinder komen an den Strand. ______________

Sie renen ins Meer. ______________

Die Welen sind heute hoch. ______________

Danach esen sie ein Schokoladeneis. ______________

5 Schreibe eigene Sätze.
Benutze möglichst viele Wörter mit doppelten Konsonanten.

Sternenforscherseite

1 Lies die Wörter. Zeichne Silbenbögen.

Schafe	klingen
trinken	siegen
schaffen	sieben
stellen	riechen
Ziege	schwimmen

2 Markiere in den Wörtern in 1 deine schwierigen Stellen grün.

3 Schreibe die Wörter auf. Markiere deine schwierigen Stellen grün.

 ______  ______

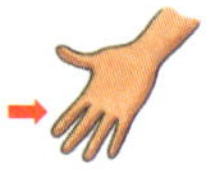 ______  ______

 ______  ______

 ______  ______

S. 78

4 Sprecht über eure markierten schwierigen Stellen. Nutzt diese Wörter.

deutlich sprechen | Silbe | Vokal | offen | geschlossen

5 Schreibe eigene Wörter mit doppelten Konsonanten auf.

______

______

Das kann ich jetzt

Diese Wörter aus dem Kapitel kann ich jetzt sicher schreiben:

Ich kann zusammengesetzte Nomen bilden:

Ich kann Wörter mit Doppelkonsonanten schreiben:

Lies die Aussagen. Schätze dich ein:

- Ich kann lesbar in die Zeilen schreiben.
- Ich kann Nomen erkennen.
- Ich kann Sätze erkennen und Satzzeichen setzen.
- Ich kann Wörter mit **ie** und **i** richtig schreiben.

Ich weiß jetzt :

Ich nehme mir vor:

Über Lernen sprechen: bewerten ihren Lernstand, setzen sich selbst herausfordernde, angemessene Ziele
Richtig schreiben: trainieren Rechtschreibung entsprechend eigener Lernbedürfnisse mit einem individuellen Übungswortschatz

> SB, S. 17

Eine Geschichte überarbeiten (Textaufbau)

1 Lies Marias Geschichte.

Heute morgen kam ich zu spät zur Schule. Ihr glaubt gar nicht, was mir passiert ist.

2 Überlegt euch ein unglaubliches Ereignis, warum Maria zu spät in die Schule kam.

3 Schreibe die überarbeitete Geschichte auf.

4 Erstelle mit deiner Geschichte ein digitales Buch.

Schreiben

Produzieren und Präsentieren

Texte überarbeiten: nehmen zentrale Anregungen für die Überarbeitung auf und setzen sich dazu jeweils ein konkretes Überarbeitungsziel

> SB, S. 23

Adjektive nutzen

1 Setze die Adjektive ein. klein groß rot süß

der ______________ Ball das ______________ Kind

das ______________ Eis der ______________ Hund

2 Markiere die Wortbausteine ig und lich am Ende.

lustig	ekelig	bissig	pünktlich	spaßig
ängstlich	richtig	mutig	schmutzig	traurig

3 Bilde Adjektive mit ig oder lich.

der Stein ______________ der Sand ______________

der Ärger ______________ der Schreck ______________

die Schrift ______________ der Witz ______________

4 Setze passende Adjektive aus **3** ein.
Vergleicht.

Max kommt ______________ vom Tennis nach Hause.

Sein Knie tut ______________ weh.

Der Tennisplatz war total ______________ .

Das fand er gar nicht ______________ .

5 Schreibe die Sätze ab.

6 Schreibe eigene Sätze mit den übrigen Adjektiven aus **3**.

Sätze umstellen

1 Stelle den Satz dreimal um.

| Dario | besuchte | gestern | ein Fußballspiel | .

2 Stelle den Satz dreimal um. Markiere, was zusammenbleibt.

Am Sonntag waren Salma und Marie im Schwimmbad.

Salma und Marie

Fremdwörter merken M

1 Verbinde.
Markiere die besonderen Stellen.

die Bonbons	das T-Shirt
der Vampir	die Garage
der Clown	die Pyramide
der Tacho	der Teddy

2 Lies und ordne die Wörter aus **1** zu. Schreibe sie auf.

Ein Kleidungsstück:		–						
Ein Bauwerk in Ägypten:								
Darin parke ich ein Auto:								
Ihm schmeckt Blut:								
Er macht Spaß im Zirkus:								
Ein Geschwindigkeitsmesser:								
Mit ihm kann man kuscheln:								
Süßigkeiten:								

Lösungswort: ____________________

3 Übe die besonderen Wörter dieser Seite.

S. 76

Wörter mit silbentrennendem h schreiben

1 Schreibe die Wörter auf. Welchen Buchstaben hörst du nur schwer? Markiere ihn.

2 Verlängere.

	Beweis
er ge ~~h~~ / h t	wir gehen, also geht mit h
er glü ~~h~~ / h t	
er dre ~~h~~ / h t	
er lei ~~h~~ / h t	
er blü ~~h~~ / h t	

3 Finde ein passendes Wort, bei dem du das **h** hören kannst.

Paul <u>steht</u> auf dem <u>Gehweg</u>.	stehen,
Ida <u>zieht</u> an der <u>Drehtür</u>.	
<u>Seht</u> ihr meinen <u>Schuh</u>?	

4 Vergleicht eure Ergebnisse aus **3**.

Wörter verlängern

1 Verlängere die Nomen.

Sie $^{\text{~~p~~}}_{\text{b}}$	Siebe	Hun $^{\text{t}}_{\text{d}}$		Bil $^{\text{t}}_{\text{d}}$	
Zwer $^{\text{k}}_{\text{g}}$		Die $^{\text{p}}_{\text{b}}$		Kin $^{\text{t}}_{\text{d}}$	

2 Verlängere die Adjektive.

run $^{\text{~~t~~}}_{\text{d}}$	runde	klu $^{\text{k}}_{\text{g}}$		hal $^{\text{p}}_{\text{b}}$	
schrä $^{\text{k}}_{\text{g}}$		blon $^{\text{t}}_{\text{d}}$		gesun $^{\text{t}}_{\text{d}}$	

3 Verlängere die Verben.

er schen $^{\text{k}}_{\text{~~g~~}}$ t	schenken	er lo $^{\text{p}}_{\text{b}}$ t	
es flie $^{\text{k}}_{\text{g}}$ t		sie sä $^{\text{k}}_{\text{g}}$ t	
sie blei $^{\text{p}}_{\text{b}}$ t		er pie $^{\text{p}}_{\text{b}}$ t	

4 Streiche den Fehler in jedem Satz durch. Schreibe das Wort richtig auf. △

Auf dem Berk ist es ruhig.

Ein Adler fliekt über den Gipfel.

Opa bleipt auf der Hütte.

Die Brotzeit ist gesunt.

Sternenforscherseite

1 Lies die Wörter mit Silbenbögen. Kreise deine schwierigen Stellen und die Aufpassstellen ein.

Pizza	Berg
dreht	Korb
Brot	Bub
gehst	Handy
blind	Vampir

Aufpassstellen sind die Stellen im Wort, die du anders sprichst oder hörst, als du sie siehst. Manche kannst du erklären, manche musst du dir merken.

S. 76 **2** Sortiere die Wörter aus **1**. Übe diese Wörter.

- Wörter, die du mitsprechen kannst:

____

- Wörter mit Aufpassstellen, die du erklären kannst:

____

____

____

- Besondere Wörter mit Aufpassstellen, die du nicht erklären kannst (M):

____

S. 78 **3** Führt ein Rechtschreibgespräch über die Wörter dieser Seite.

verlängern | Silbe | merken | sprechen | hören | anders als | sehen

Richtig schreiben: zeigen Rechtschreibbewusstsein | schreiben gängige Schreibungen routiniert richtig | trainieren Rechtschreibung entsprechend eigener Lernbedürfnisse mit einem individuellen Übungswortschatz

> SB, S. 30
> Rechtschreibgespräch, S. 78
> Wörter üben, S. 76

Diese Wörter aus dem Kapitel kann ich jetzt sicher schreiben:

Ich kenne Adjektive mit ig **und** lich**:**

Ich kann Fremdwörter richtig schreiben:

Lies die Aussagen. Schätze dich ein:

- Ich kann eine Geschichte überarbeiten (Textaufbau).
- Ich kann Adjektive bilden.
- Ich kann Wörter mit **d**, **g** und **b** am Ende und in der Mitte verlängern.

Ich weiß jetzt:

Ich nehme mir vor:

Über Lernen sprechen: bewerten ihren Lernstand, setzen sich selbst herausfordernde, angemessene Ziele
Richtig schreiben: trainieren Rechtschreibung entsprechend eigener Lernbedürfnisse mit einem individuellen Übungswortschatz

> SB, S. 31

Eine Personenbeschreibung überarbeiten (Wiederholung)

1. Tim hat seinen Freund Max beschrieben.
Lies den Text.

> Max ist acht Jahre alt. ~~Max~~ Er ist groß und hat blonde Haare. Auf seiner Nase hat Max Sommersprossen. Max hat oft ein T-Shirt und eine blaue Hose an. An den Füßen hat Max blaue Turnschuhe. Max spielt gerne mit Autos.

der Junge
er
trägt
sieht man
befinden sich
sind

2. Überarbeitet Tims Personenbeschreibung im Text in 1.
Nutzt den Wortspeicher.

3. Schreibe die überarbeitete Personenbeschreibung auf.

4. Beschreibe eine bekannte Persönlichkeit.

Personalpronomen anwenden

1 Ordne die Pronomen den Verben zu.

ich	du	er	sie	es	wir	ihr	sie

malt	malen	male	malt	malst	malen	malt	malt

2 Schreibe die Pronomen mit den Verben aus 1 auf.

3 Ersetze die unterstrichenen Wörter durch die passenden Pronomen.

Toni bekam einen riesigen Schreck. Er

Nele griff in das eiskalte Wasser. ______

Das Mädchen fand es witzig. ______

Die Kinder lachten sich an. ______

4 Lies den Text. Setze die passenden Pronomen ein.

Die Lehrerin schreibt an die Tafel. _____ stellt Knobelaufgaben.

Der Hausmeister fegt den Schulhof. _____ lässt den Besen liegen.

Das Mädchen stolpert über den Besen. _____ steht auf und lacht.

5 Lies die Sätze. Setze die fehlenden Endungen ein.

Ich les___ den Klappentext. Paul bestaun___ das bunte Cover.

Laura und Kemal schreib___ zu der bekannten Illustratorin.

Personalformen von Verben bilden

1 Markiere jeweils den Wortstamm.
Ordne zu.

ich gieß e	sie leben	du lebst	er gießt
sie gießen	ihr gießt	wir leben	wir gießen
sie lebt	ihr lebt	ich lebe	du gießt

gießen ich gieße,

____

leben ______________________________

____

2 Setze die Verben in der richtigen Personalform ein.

Max ______ (schauen) sich interessiert einen kurzen Tierfilm an. Der Schneehase ______ (passen) sich seiner Umgebung an. Ein hungriger Greifvogel ______ (fliegen) an dem Tier vorbei. Er ______ (können) den Hasen vor lauter Schnee nicht entdecken.

3 Bildet mit diesen Verben und den Pronomen **er** und **wir** Sätze.

er schreib t
wir schreib en

gehen | schneiden | reiten | ziehen

Sprachgebrauch und Sprache untersuchen und reflektieren | Grammatisches Prinzip nutzen: nutzen den Satzzusammenhang, um flektierbare Wörter richtig zu schreiben | > SB, S. 38/39

Starke Verben bilden und verwenden

1 Was gehört zusammen?
Markiere in verschiedenen Farben.

treffen	sie weiß	er darf	er muss	können	sehen
wollen	essen	sprechen	er trifft	es wird	sie isst
er nimmt	müssen	sie kann	sie sieht	es bläst	er spricht
wissen	blasen	werden	dürfen	er will	nehmen

2 Schreibe mit drei Verben aus **1** Sätze.

____

____

____

3 Setze die Verben in der richtigen Personalform ein.

Max ______________ Sophia einen Nussriegel geben.
wollen

Sie ______________ ihn aber nicht. Sophia ______________
nehmen dürfen

keine Nüsse essen. Sie ______________ dann immer
bekommen

gleich juckende Flecken auf der Haut.

So ______________ Max ihr eine Tüte Gummibärchen.
versprechen

4 Schreibe den Text aus **3** ab.

Wörter ableiten

1 Schreibe die verwandten Verben mit **a** oder **au** auf.

Räuber käuflich Zähler Tänzer Gemälde

Räuber – rauben,

2 Markiert die Aufpassstellen **ä** und **äu**.
Sucht verwandte Wörter mit **a** oder **au**.

einfärben	Gräser	bräunen	bläulich	träumen
Wähler	zählen	erklären	ängstlich	Träger

3 **e** oder **ä**? Setze ein. Begründe.

K__rze	h__rter	__ckig	f__rtig	st__rker
h__ll	Kr__fte	er f__ngt	R__der	du l__gst

4 Schreibe mit Wörtern dieser Seite lustige Sätze.

Besondere Wörter mit Dehnungs-h merken M

1 Schreibe die Wörter auswendig auf. Markiere die Aufpassstelle.

erzählen fahren wahr zehn Jahr Fahne sehr

____

____

2 Setze **ah**, **oh**, **uh**, **äh** und **üh** passend ein.

Gef___l w___len z___m B___rer St___l

3 Setze die Wörter passend ein. Vergleicht.

ihm ihre ihn ihrem ihrem ihren ihren

Mina findet __________ Brille nicht. Sie schaut in __________
Ranzen nach. Darin findet sie __________ guten Bleistift.
Mina fragt __________ Freund Axel und bittet __________ um Hilfe.
Axel findet Minas Brille in __________ Federmäppchen.
Mina schenkt __________ die Hälfte ihres Müsliriegels.

4 Schreibe Wörter der Wortfamilie auf.

FAHR ______________________________

WOHN ______________________________

5 Übe die besonderen Wörter dieser Seite.

S. 76

Sternenforscherseite

1 Lies den Text mit Silbenbögen.
Kreise in den markierten Wörtern deine schwierigen Stellen und die Aufpassstellen ein.

Sabir, Max und Lin spielen Basketball. Lin trifft sofort hinein. Die Buben schauen sie erstaunt an. Sie erklärt: „Ihr müsst mehr auf das Quadrat über dem Korb zielen. Meistens fällt der Ball dann hinein.“ Sabir läuft an und wirft: Treffer! Nun ist Max an der Reihe, er schafft es beim zweiten Wurf. Lin ist einfach toll!

S. 76 **2** Sortiere die Wörter aus **1**. Übe diese Wörter.

- Wörter, die du mitsprechen kannst:

- Wörter mit Aufpassstellen, die du erklären kannst:

- Besondere Wörter mit Aufpassstellen, die du nicht erklären kannst M:

3 Markiert im Text in **1** weitere Aufpassstellen.

S. 78 **4** Führt ein Rechtschreibgespräch über die Wörter dieser Seite.

Silbe | mitsprechen | verlängern | ableiten | merken

Richtig schreiben: zeigen Rechtschreibbewusstsein I schreiben gängige Schreibungen routiniert richtig I trainieren Rechtschreibung entsprechend eigener Lernbedürfnisse mit einem individuellen Übungswortschatz

> SB, S. 44
> Rechtschreib-gespräch, S. 78
> Wörter üben, S. 76

Diese Wörter aus dem Kapitel kann ich jetzt sicher schreiben:

Ich kann das Verb *essen* in allen Personalformen schreiben:

Lies die Aussagen. Schätze dich ein:

- Ich kann eine Personenbeschreibung überarbeiten. ☺ ☺ ☹ ☹
- Ich kenne unregelmäßige Verben. ☺ ☺ ☹ ☹
- Ich kann verwandte Wörter mit **a** und **au** finden. ☺ ☺ ☹ ☹
- Ich kann mir Wörter mit Dehnungs-h merken. ☺ ☺ ☹ ☹

Ich weiß jetzt:

Ich nehme mir vor:

Über Lernen sprechen: bewerten ihren Lernstand, setzen sich selbst herausfordernde, angemessene Ziele
Richtig schreiben: trainieren Rechtschreibung entsprechend eigener Lernbedürfnisse mit einem individuellen Übungswortschatz

> SB, S. 45

Eine Geschichte überarbeiten (Satzbau)

1 Anton und sein Freund haben eine Geldbörse gefunden.
Lest die Geschichte. Was fällt euch auf? Verbessert im Text.

Wir wischen die Geldbörse sauber *und* öffnen sie.
In einem Fach Geldscheine. Mein Freund sagt:
„Wir finden heraus, wem gehört. Hinten steckt Ausweis.
Die Anschrift des Besitzers steht da. Wir meine Mutter.
Der gibt uns einen Finderlohn."

2 Schreibe die überarbeitete Geschichte auf.

Mit Adjektiven vergleichen

1 Ergänze die Tabelle.

Grundform	1. Vergleichsstufe	2. Vergleichsstufe
kurz	kürzer	am kürzesten
tief		
hell		
schön		
warm		
groß		

2 Vergleiche. Schreibe Sätze. Verwende unterschiedliche Adjektive.

Das Flugzeug ist größer als

Wortarten ändern

1 Bilde Nomen mit ung, heit oder keit.
Schreibe sie auf.

tapfer
erholen
blöd
gesund
faul
vorbereiten
frech
höflich
eitel
verbessern
fähig
verletzen

2 Wähle vier Nomen aus **1**. Schreibe Sätze.

3 Nomen oder Adjektiv?
Ordne zu.

LÖSUNG	FREUNDLICH	SCHRECKLICH
SONNIG	KINDHEIT	DANKBARKEIT

Nomen: ______________________

Adjektiv: ______________________

Wortbausteine nutzen

1 Fülle die Lücken. Verwende die Wortbausteine heit, keit und ung.

Alle Kinder haben in der Schule eine ______________
einladen
zum Schnuppertag der Freiwilligen Feuerwehr bekommen.

Als ______________ sollen sich alle informieren,
vorbereiten
welche Aufgaben man bei der Feuerwehr hat. Max und seine Freundin

finden heraus, dass ______________ an erster Stelle steht.
sicher

Außerdem ist ______________ ganz wichtig.
tapfer

Voller ______________ warten sie auf den spannenden Tag.
aufregen

2 Bilde mit den Wortbausteinen ig und lich Adjektive.
Setze sie passend in den Text ein. Vergleicht.

Oskar und Nabil sind Freunde, aber trotzdem nicht immer

______________ zueinander. Manchmal schreien sie sich
Freund

______________ an, doch ______________ sind sie
Ärger Zorn

anschließend nicht. Sie spielen sofort wieder ______________
Lust

Spiele, so ______________, als ob sie nie gestritten hätten.
Frieden

3 Nutze Adjektive und Nomen dieser Seite
und schreibe eine eigene Geschichte.

Einsilbige Wörter mit Doppelkonsonanten schreiben

1 Sprich die Wörter in Silben. Setze Silbenbögen und kreise den Doppelkonsonanten ein.

Spürst du den Doppelkonsonanten?

rollen   alle   stellen   essen   Klasse   Füller

2 Finde drei Adjektive und drei Nomen. Verlängere.

N	P	L	A	T	T	D	G
H	L	A	R	W	X	N	R
E	O	M	L	M	K	U	I
L	R	M	A	T	T	S	F
L	S	F	O	E	P	S	F

platt – platter

3 Verlängere die Verben.

sie ko ~~m~~ / mm t — wir kommen, also kommt

er zie l / ll t

es so l / ll

sie ho f / ff t

er mau l / ll t

4 Finde weitere Wörter mit Doppelkonsonanten.

Sprachgebrauch und Sprache untersuchen

Suchen und Verarbeiten

Phonologisches Prinzip nutzen: nutzen Silben und Klangunterschiede, um sich Schreibungen zu erschließen
Verbindung unterschiedlicher Prinzipien nutzen: verbinden ein- und zweisilbige Wortformen, um die Schreibung von Konsonantenverdopplung abzuleiten

> SB, S. 56

Besondere Wörter mit V/v schreiben M

1 Schreibe die passenden Verben auf.

Versteck ______ Verpackung ______

Verletzung ______ Versuch ______

2 Setzt Ver ver oder Vor vor ein. Erklärt.

____hang ____rückt ____sicht ____mittag

____dacht ____garten ____her ____schmutzung

____fahrt ____bild ____bei ____geblich

3 Finde die Gegenteile.
Es sind alles v-Wörter.

leer – ______ wenig – ______

hinten – ______ nach – ______

4 Ordne die Wörter nach dem Alphabet.
Achte auf den 3. und 4. Buchstaben.

von vor voll vier viel davon

1. ______ 3. ______ 5. ______

2. ______ 4. ______ 6. ______

5 Übe die besonderen Wörter dieser Seite.

S. 76

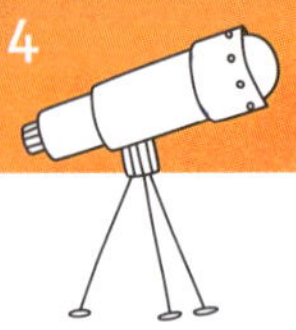

Sternenforscherseite

1 Lies den Text mit Silbenbögen.
Kreise in den markierten Wörtern deine schwierigen Stellen und die Aufpassstellen ein.

Nicole ist seit einem halben Jahr bei der Jugendfeuerwehr.
In ihrer Gruppe lernen alle Kinder viel über Brandschutz.
Außerdem müssen sie wissen, welche wichtigen Fragen man bei einem Notruf beantworten muss.
Nicole gefällt die Kameradschaft untereinander am besten.
Jeder hält zu allen in der Gruppe. Es gibt auch regelmäßige Verabredungen. Das ist immer sehr lustig.
Nicole will später Kommandantin werden.
Ihre Mutter hat bei der Feuerwehr die Verantwortung für die Atemschutzgeräte.

S. 76 **2** Sortiere die Wörter aus **1**. Übe diese Wörter.

3 Markiere im Text in **1** die Wortbausteine ig, ver und ung.

4 Markiert im Text in **1** weitere Aufpassstellen.

S. 78 **5** Führt ein Rechtschreibgespräch über die Wörter dieser Seite.

Silbe | mitsprechen | verlängern | ableiten | merken

Richtig schreiben: zeigen Rechtschreibbewusstsein I schreiben gängige Schreibungen routiniert richtig I trainieren Rechtschreibung entsprechend eigener Lernbedürfnisse mit einem individuellen Übungswortschatz

> SB, S. 58
> Rechtschreibgespräch, S. 78
> Wörter üben, S. 76

Diese Wörter aus dem Kapitel kann ich jetzt sicher schreiben:

Ich kann Nomen mit heit, keit, ung aufschreiben:

Ich kann mir Wörter mit V/v merken und sie sicher schreiben:

Lies die Aussagen. Schätze dich ein:

- Ich kann eine Geschichte überarbeiten (Satzbau). 😀 🙂 😐 ☹
- Ich kann mit Adjektiven vergleichen. 😀 🙂 😐 ☹
- Ich kann die Wortart durch Wortbausteine verändern. 😀 🙂 😐 ☹
- Ich kann einsilbige Wörter richtig schreiben. 😀 🙂 😐 ☹

Ich weiß jetzt:

Ich nehme mir vor:

Über Lernen sprechen: bewerten ihren Lernstand, setzen sich selbst herausfordernde, angemessene Ziele
Richtig schreiben: trainieren Rechtschreibung entsprechend eigener Lernbedürfnisse mit einem individuellen Übungswortschatz

> SB, S. 59

Einen Text überarbeiten und verbessern (Rechtschreibung)

1 Lest den Text von Anna an ihre Eltern. Was fällt euch auf?

Liebe Elten,
wan bekome ich einen Fernseher in mein
Zimer? Meine Freundinnen haben alle einen
Fernseher. Ich möchte so gern mit ihnen
zusamen meine Lieblingssendung sen. Imer kann
ich nur Hörspiele hören oder Bücher lesen.
Könnt ir mir einen zum Geburtstag schenken?
Eure Anna

2 Schreibe den Text richtig auf.

Texte überarbeiten: überarbeiten ihre Texte rechtschriftlich nach Fehlerschwerpunkten sowie hinsichtlich der sprachlichen Richtigkeit und nutzen dazu auch Beratung und Hilfestellungen

> SB, S. 65

Verben in unterschiedlichen Zeitformen verwenden

1 Schreibe die Verbformen auf.

bauen

	1. Vergangenheit
ich	baute
du	
er sie es	
wir	
ihr	
sie	

hören

	1. Vergangenheit
ich	
du	
er sie es	
wir	
ihr	hörtet
sie	

2 Schreibe die Verben in der passenden Zeitform auf.

Früher ______________ man mit einem Ofen.
heizen

Heute ______________ man mit der Heizung.
heizen

Früher ______________ die Wäsche nur auf der Leine.
trocknen

Heute ______________ die Wäsche auch im Wäschetrockner.
trocknen

Früher ______________ man das Geschirr mit der Hand.
spülen

Heute ______________ die Spülmaschine das Geschirr.
spülen

Verben in der 1. Vergangenheit verwenden

1 Schreibe die Verbformen geben und bleiben auf.

	1. Vergangenheit		1. Vergangenheit
ich	gab	ich	
du		du	
er sie es		er sie es	
wir		wir	
ihr		ihr	bliebt
sie		sie	

2 Lest den Text. Markiert die Verben.
Schreibt sie in der 1. Vergangenheit auf.

Im Trachtenverein üben Bea und Josef für ihren nächsten Auftritt. Die Probe klappt hervorragend. Sie tanzen den neuen Sterntanz ohne Fehler. Stolz erzählen beide abends ihren Eltern davon.

üben – übten,

3 Schreibe den Text in der 1. Vergangenheit auf.

Wörtliche Rede verwenden

1 Unterstreiche den Redebegleitsatz blau und die wörtliche Rede orange. Setze die fehlenden Satzzeichen und Zeichen der wörtlichen Rede ein.

Niklas fragt Jamal: „Wollen wir uns heute verabreden?"

Jamal antwortet Ja, wenn ich

meine Hausaufgaben fertig habe

Martin ruft Kann ich auch mit euch spielen

Die Kinder meinen Ja, super

Niklas schlägt vor Kommt doch um drei Uhr

Martin sagt Toll, dann können wir Fußball spielen

2 Bilde Sätze mit wörtlicher Rede. Schreibe auf. Vergleicht.

Leon bittet

Hört bitte auf!

Streitet euch nicht.

Lass mich in Ruhe!

Katrin schreit

Nils sagt

Was ist los?

Marius fragt

Ein Wortfeld für Redebegleitsätze nutzen

1 Lies die Verben. Markiere die Verben, die zum Wortfeld **sagen** gehören.

rufen	meinen	antworten	flüstern	erklären
erzählen	schleichen	klagen	humpeln	bitten
blinzeln	behaupten	winken	fragen	murmeln

2 Setze die fehlenden Zeichen ein.
Verbessere die Redebegleitsätze mit passenden Verben aus dem Wortfeld **sagen**.

Anton grunzt Mein Computer ist kaputt
Vater quakt Das kann aber nicht sein
Hassan wiehert Ich helfe dir
Anton miaut Danke, das ist nett von dir
Opa bellt Möchtet ihr etwas trinken
Alle fauchen Ja, sehr gerne

Besondere Wörter mit ß schreiben M

1 Untersuche diese Wörter. Setze Silbenbögen.

draußen Straße außer größer Füße

2 Was hast du herausgefunden?

3 **ß** oder **ss**? Ordne die Wörter.

Kla__e flei__ig Nu__ hei__en Gru__ Ki__en

ß	ss

4 **ß** oder **ss** ? Setze ein. Vergleicht.

In den Ferien fährt Peter zu seinen Gro___eltern.

Mit Oma und Opa hat er immer viel Spa___.

Es ist hei___. Sie gie___en die Blumen.

Zusammen e___en sie sü___e Kirschen.

Zum Abschied gibt ihm Oma einen Ku___.

5 Schreibe die Geschichte ab.

6 Übe die besonderen Wörter dieser Seite.

S. 76

Sprachgebrauch und Sprache untersuchen und reflektieren

Richtig schreiben: schreiben häufig gebrauchte Wörter mit regelhaften und nicht-regelhaften Rechtschreibbesonderheiten richtig
Phonologisches Prinzip nutzen: nutzen Silben und Klangunterschiede der Vokale, um sich Schreibungen zu erschließen

> SB, S. 70
> Wörter üben, S. 76

Sternenforscherseite

1 Lies den Text mit Silbenbögen.
Kreise in den markierten Wörtern deine schwierigen Stellen und die Aufpassstellen ein.

An der Wiesenschule gibt es Tablets für alle **Klassen**. In der vergangenen Woche haben die Kinder der Klasse 4b mit **großem** **Erfolg** ihre schwierigen Rechnungen überprüft. Heute versuchen sie, die Ergebnisse **ihrer** Befragung in ein farbiges Balkendiagramm zu verwandeln. Ida **findet** es lustig, dass auch geometrische Zeichnungen darauf **geübt** werden können. Max liest gerne auf dem Tablet. Er kann im **Text** **Sätze** oder Wörter kennzeichnen und findet die Stelle immer wieder, die er für seine witzige Geschichte verwenden will.

S. 76 **2** Sortiere die Wörter aus **1**. Übe diese Wörter.

M

3 Markiere im Text in **1** die Wortbausteine ig, ver und ung.

4 Markiert im Text in **1** weitere Aufpassstellen.

S. 78 **5** Führt ein Rechtschreibgespräch über die Wörter dieser Seite.

Silbe | mitsprechen | verlängern | ableiten | merken

Richtig schreiben: zeigen Rechtschreibbewusstsein | schreiben gängige Schreibungen routiniert richtig | trainieren Rechtschreibung entsprechend eigener Lernbedürfnisse mit einem individuellen Übungswortschatz

> SB, S. 72
> Rechtschreibgespräch, S. 78
> Wörter üben, S. 76

Diese Wörter aus dem Kapitel kann ich jetzt sicher schreiben:

Ich kenne Wörter aus dem Wortfeld *sagen*:

Ich kann eine wörtliche Rede mit Redebegleitsatz schreiben:

Lies die Aussagen. Schätze dich ein:

- Ich kann einen Text überarbeiten (Rechtschreibung).
- Ich kann die 1. Vergangenheit bilden.
- Ich kann Wörter mit ß schreiben.

Ich weiß jetzt:

Ich nehme mir vor:

Ein Märchen überarbeiten (Zeitform)

1 Lies das Märchen.

Der süße Brei

Es war einmal ein Mädchen, das ~~lebt~~ lebte mit seiner Mutter allein und sie haben nichts zu essen. Da bekam das Mädchen ein Töpfchen von der alten Frau aus dem Wald. Das Mädchen sagt: „Töpfchen, koch." Und das Töpfchen kocht süßen Hirsebrei. Sagte das Mädchen „Töpfchen, steh", so hörte es auf. Eines Tages geht das Mädchen aus und die Mutter ließ das Töpfchen kochen. Als sie satt ist, sollte das Töpfchen wieder aufhören, aber sie kannte das Wort nicht. Das Töpfchen kocht weiter, bis das ganze Haus und die ganze Straße voll Brei war. Keiner kann helfen. Da kam das Mädchen heim und sagte: „Töpfchen, steh". Sofort hörte es auf zu kochen. Und wer wieder in die Stadt wollte, der musste sich durchessen.

nach Brüder Grimm

2 Überarbeitet das Märchen. Achtet auf die 1. Vergangenheit.

Satzzeichen setzen

1 Lies den Text. Setze die passenden Satzzeichen ein.

Auf seinem Weg nach Bremen traf der Esel einen Hund.

 Was japst du so ☐

 Weil ich alt bin, wollte mein Herr mich nicht mehr ☐

Womit soll ich nun mein Brot verdienen ☐

 Weißt du was ☐ Ich gehe nach Bremen

und werde Stadtmusikant ☐ Komm doch mit ☐

 Ja, gerne ☐

 Was ist dir in die Quere gekommen ☐

 Ich kann keine Mäuse mehr jagen ☐

Wo soll ich nur hin ☐

 Du verstehst dich doch auf Nachtmusik ☐

Geh mit uns nach Bremen ☐

 Das finde ich gut ☐

 Dein Schrei geht mir durch Mark und Bein ☐

Was hast du vor ☐

 Die Hausfrau will mich morgen in der Suppe essen ☐

 Komm mit nach Bremen ☐

Du hast eine gute Stimme ☐

So gingen alle gemeinsam fort.

2 Wie geht das Märchen weiter?

Treffende Redebegleitsätze verwenden

1 Unterstreiche den Redebegleitsatz blau und die wörtliche Rede orange. Setze die fehlenden Satzzeichen und die Zeichen der wörtlichen Rede.

Schneewittchen sprach: „Ich darf niemanden einlassen."
Die Bauersfrau meinte Ich schenke dir einen Apfel
Schneewittchen rief Nein, ich darf nichts annehmen
Die Bauersfrau sagte Ich teile den Apfel, einen Teil esse ich

2 Schreibe das Gespräch aus **1** auf.
Erweitere die Redebegleitsätze mit passenden Adjektiven.

entsetzt ängstlich hinterlistig freundlich erschrocken

Sprachgebrauch und Sprache untersuchen und reflektieren

Sprachliche Strukturen untersuchen: markieren wörtliche Rede innerhalb von Sätzen durch Anführungszeichen und schließen den Redebegleitsatz vor und nach der wörtlichen Rede mit richtigen Satzzeichen ab I wählen beim Schreiben und Sprechen je nach Kontext passende Wörter aus Wortfeldern

> SB, S. 81

Satzglieder umstellen

1 Schreibe Sätze. Markiere alle Satzglieder.

schleppte der Riese den dicken Baum	auf den Ästen saß das Schneiderlein	das Schneiderlein durch die Luft flog

Der Riese

2 Schreibe mit allen Wörtern einen Satz.

der | nahm | Stamm | auf | Riese | den | Schulter | die

3 Stelle den Satz aus **2** zweimal um. Markiere die Satzglieder.

Satzglieder bestimmen (Prädikat)

1 Markiere die Satzglieder.
Unterstreiche in jedem Satz das Prädikat rot.

> Das Schneiderlein folgte dem Riesen in die Höhle.
> Dem Schneiderlein war das Bett zu groß.
> Abends kroch es in eine Ecke.

2 Unterstreicht die Prädikate rot. Was fällt euch auf?

> Fröhlich liefen das Schneiderlein durch den Wald.
> Die Riesen betrachteten ängstlich in alle Richtungen.
> Das Schneiderlein lasen zu einem Palast.
> Die Leute kam ihn von allen Seiten.
> Auf seinem Gürtel ging sie „Sieben auf einen Streich“.

3 Tauscht in **2** die Prädikate so, dass die Sätze einen Sinn ergeben.

4 Schreibe die Geschichte aus **2** richtig auf.

5 Verwende jedes Verb als Prädikat in einem möglichst kurzen Satz.

sehen | lachen | nehmen | geben

____

____

____

____

Einsilbige Wörter mit Verhärtungen schreiben

1 Schreibe die einsilbige Form auf. Markiere die Aufpassstelle.

Hunde	wilde	wir lagen
Hund		es
wir blieben	grobe	Hände
ich		
gesunde	Felder	sie banden
		er

2 Welche Verben gehören zusammen?
Kreise in verschiedenen Farben ein.

erschien	sah	stand	griffen	stiegen	sahen
standen	gab	griff	erschienen	gaben	stieg

3 Setze die Verben in der 1. Vergangenheit ein. Vergleicht.

Die Frau ______________ am Fenster.
stehen

Sie ______________ die Rapunzeln im verbotenen Garten.
sehen

Ihr Mann ______________ über den Zaun.
steigen

Er ______________ in aller Eile nach den Rapunzeln.
greifen

Plötzlich ______________ die Zauberin.
erscheinen

Sie ______________ ihm eine Nachricht.
geben

Sternenforscherseite

1 Lies den Text mit Silbenbögen.
Kreise in den markierten Wörtern deine schwierigen Stellen
und die Aufpassstellen ein.

Eine verzweifelte Prinzessin kam zum Schloss. Das Wasser lief ihr aus den Kleidern. Sie klopfte heftig an das Tor und wurde hereingebeten. Abends wollte die Königin prüfen, ob sie wirklich eine echte Prinzessin war. Sie legte in der Schlafkammer vorsichtig eine Erbse auf den Boden. Darauf stapelte sie alle verfügbaren Matratzen und Decken. Dort sollte die Prinzessin die Nacht verbringen. Morgens fragte der König, ob sie gut geschlafen hätte. Sie jammerte und sagte vorwurfsvoll: „Ich schlief überhaupt nicht. Mein Rücken ist überall blau, so kräftig drückte mich etwas!“

S. 76 **2** Sortiere die Wörter aus **1**. Übe diese Wörter.

3 Markiere im Text in **1** die Wortbausteine ig, ver und vor.

4 Markiert im Text in **1** weitere Aufpassstellen.

S. 78 **5** Führt ein Rechtschreibgespräch über die Wörter dieser Seite.

Silbe | mitsprechen | verlängern | ableiten | merken

Richtig schreiben: zeigen Rechtschreibbewusstsein | schreiben gängige Schreibungen routiniert richtig | trainieren Rechtschreibung entsprechend eigener Lernbedürfnisse mit einem individuellen Übungswortschatz

> SB, S. 86
> Rechtschreibgespräch, S. 78
> Wörter üben, S. 76

Diese Wörter aus dem Kapitel kann ich jetzt sicher schreiben:

Ich kann einsilbige Wörter mit Verhärtung sicher schreiben:

Ich kann Sätze mit zwei Satzgliedern aufschreiben:

Lies die Aussagen. Schätze dich ein:

- Ich kann einen Text überarbeiten (Zeitform). 😃 🙂 😐 ☹️
- Ich kann passende Satzzeichen setzen. 😃 🙂 😐 ☹️
- Ich kann Satzglieder umstellen. 😃 🙂 😐 ☹️
- Ich kann Prädikate bestimmen. 😃 🙂 😐 ☹️

Ich weiß jetzt:

Ich nehme mir vor:

Informationen ordnen

1 Lies den Text. Markiere wichtige Informationen.

Name | Lebensraum | Aussehen | Größe

Nahrung | Lebenserwartung | Besonderheiten

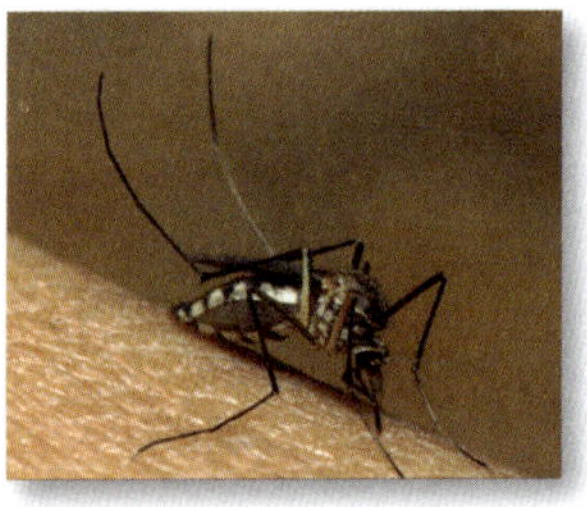

Die Stechmücke gehört zu den Insekten. Sie wird ca. 15 mm groß, wobei die weiblichen Tiere ein wenig größer sind als die Männchen. Die Mücke hat zwei durchsichtige, zarte Flügel und sechs dünne, lange Beine.

Stechmücken kommen, außer in den Polargebieten und den Wüsten, überall auf der Welt vor. Sie benötigen zur Fortpflanzung Wasserstellen. Daher findet man sie in Sumpf- und Feuchtgebieten in besonders großer Zahl.

Sie ernähren sich von zuckerhaltigen Pflanzen- und Fruchtsäften.
Zur Fortpflanzung benötigt das Weibchen allerdings ein wenig Blut von Tieren oder Menschen. Dazu sticht es mit seinen Mundwerkzeugen durch die Haut eines Tieres oder Menschen und nimmt mit dem Stech-Saugrüssel ein wenig Blut auf. Das im Blut enthaltene Eiweiß und Eisen benötigt die Mücke zur Produktion ihrer Eier.
An der Einstichstelle entsteht in der Haut eine allergische Reaktion. Die Einstichstelle juckt, wird rot und manchmal auch dick. Beim Einstechen kann die Mücke auch gefährliche Krankheiten übertragen.
In südlichen Ländern schützen sich die Menschen darum häufig mit feinmaschigen Netzen, die sie über ihre Betten hängen.
Eine Mücke findet ihre Opfer nämlich auch bei Nacht. Sie kann die Tiere und Menschen riechen. Dabei orientiert sie sich an der Atemluft.

Die weiblichen Stechmücken leben bis zu 6 Wochen. Die Männchen sterben früher. Sie überleben den Winter nicht. Die begatteten Weibchen überwintern in einem feuchten, kühlen Ort in Kältestarre.

S. 77 **2** Schreibe mithilfe deiner Markierungen einen Steckbrief.

3 Erstelle mithilfe deines Steckbriefs eine Präsentation.

Schreiben

Produzieren und Präsentieren

Texte planen und schreiben: nutzen vor dem Schreiben Methoden zur Sammlung und Ordnung von Wortmaterial und Informationen I verfassen eigene informierende Texte

> SB, S. 91/92
> Steckbrief, S. 77

Satzglieder bestimmen (Subjekt)

1 Markiere die Satzglieder. Verkürze den Satz, indem du immer ein Satzglied weglässt.

Kilian arbeitet heute im Sachunterricht an einem Tiersteckbrief.

____

____

____

2 Kreist die Satzglieder ein.

Jens liest in einem Buch über Insekten.
Auf Karten notiert er die wichtigsten Informationen.
Jens beachtet die Oberbegriffe.
Auf jede Karte schreibt er
in der passenden Farbe einen Begriff.
Er gestaltet ein Plakat für seinen Vortrag.

3 Unterstreiche im Text aus **2** die Prädikate rot und die Subjekte blau.

Prädikat: Verb
Subjekt: Wer/Was?

4 Ergänze in diesen Sätzen ein Subjekt und ein Prädikat.

__________ __________ einen Vortrag.

Heute __________ __________ über Flöhe.

__________ __________ den Steckbrief?

Satzglieder untersuchen (Orts- und Zeitangabe)

1 Trage die richtigen Fragewörter ein. △

Ich finde die Ortsangabe, wenn ich ____________ ,

____________ oder ____________ frage.

Ich finde die Zeitangabe, wenn ich ____________ ,

____________ oder ____________ frage.

2 Bestimme die Satzglieder.
Markiere die Ortsangabe orange.

Die Klasse 3a geht in den Zoo.

Das Nilpferd döst im Wasser.

Die Schlange kriecht aus ihrer Höhle.

Der Gorilla schläft auf dem Felsen.

3 Bestimme die Satzglieder.
Markiere die Zeitangabe gelb.

Heute ist die Klasse 3a im Zoo.

Die Kinder gehen eine Stunde in die Zooschule.

Ina zeichnet seit 10 Minuten vor dem Haifischbecken.

4 Schreibe einen Satz mit Orts- und Zeitangabe.

____

____

Sprachgebrauch und Sprache untersuchen und reflektieren | Sprachliche Strukturen untersuchen: beschreiben die Abhängigkeit der Satzglieder vom Prädikat und bestimmen Orts- und Zeitangaben

> SB, S. 96

Satzglieder bestimmen (Orts- und Zeitangabe)

1 Ergänze in jedem Satz eine Ortsangabe.

Die Flamingos stehen ______________________________ .
Wo?

Der Delfin schwimmt ______________________________ .
Wohin?

Die Tiger kommen ______________________________ .
Woher?

2 Erweitere deine Sätze aus **1** um eine Zeitangabe.
Die Zeitangabe soll am Satzanfang stehen.

3 Schreibe Sätze mit Zeitangaben.

sehen   untersuchen

Einsilbige Wörter verlängern

1 Markiere bei den Wörtern die Aufpassstelle.
Verlängere die Wörter.

er schreibt	sie gibt	er kriecht
trüb	glatt	hell

2 Welche Wörter gehören zusammen?
Markiere sie in derselben Farbe. Was verändert sich?

bringen	blinde	rauben	lebt	trägt	leben	tragen
Raub	taub	taube	Fell	blind	Felle	bringt

3 Setze Wörter aus **2** sinnvoll ein. Vergleicht.

Der Fuchs ist ein ________tier. Er ________ in einer Höhle.
Sein ________ ist rötlich braun und weich.
Die Füchsin ________ 4–7 Welpen
zur Welt. Sie sind noch ________
und ________. Die Mutter ________
ihre Beute in den Bau.

4 Schreibe den Text aus **3** ab.

Wörter richtig trennen

1 Vergleicht und erklärt.

Au-to-rei-fen — Auto-rei-fen

E-sel — Esel

2 Schreibe die Sätze nach Silben getrennt auf.

Die Eulen fliegen geräuschlos durch den Wald.
Mäuse knabbern gerne Nüsse und Körner.
In der Nacht fressen die Flusspferde saftiges Gras.

3 Setze Silbenbögen.

Augenlid Eiche Ofentür Eimer August Esel Elefant

4 Schreibe die Wörter auf, die du am Zeilenende trennen kannst.

Augen-lid,

Sternenforscherseite

1 Lies den Text mit Silbenbögen.
Kreise in den markierten Wörtern deine schwierigen Stellen und die Aufpassstellen ein.

Sami und Karl haben eine schwierige **Aufgabe**.
Sie suchen Informationen über die Hyäne.
Sami sagt: „Wir **brauchen** eine Stichwörtersammlung."
Jan **zieht** einige Zettel aus seiner Schublade. Er **schlägt** ruhig vor: „Lass uns gleich sortieren. Jeder **wählt** einen **Oberbegriff** aus und schreibt dazu." Sami liest fleißig weiter und erfährt spannende Sachen. Hyänen sorgen mit den Geiern für die Gesundheit. Sie helfen, die Ausbreitung von Seuchen und **Krankheiten** einzudämmen. Die **Babys** haben ein schwarzes Fell und können sofort sehen und laufen. Sie bleiben ein **Jahr** in ihrer Höhle.

S. 76 **2** Sortiere die Wörter aus **1**. Übe diese Wörter.

ⓦ ______________________________

ⓥ ______________________________

____

ⓗ ______________________________

Ⓜ ______________________________

3 Markiere im Text in **1** die Wortbausteine ig und ung.

4 Markiert im Text in **1** weitere Aufpassstellen.

S. 78 **5** Führt ein Rechtschreibgespräch über die Wörter dieser Seite.

Silbe | mitsprechen | verlängern | ableiten | merken

Richtig schreiben: zeigen Rechtschreibbewusstsein I schreiben gängige Schreibungen routiniert richtig I trainieren Rechtschreibung entsprechend eigener Lernbedürfnisse mit einem individuellen Übungswortschatz

> SB, S. 100
> Rechtschreibgespräch, S. 78
> Wörter üben, S. 76

Diese Wörter aus dem Kapitel kann ich jetzt sicher schreiben:

Ich kann einsilbige Wörter mit b, d, g am Ende sicher schreiben:

Ich kann Wörter in Silben getrennt aufschreiben:

Lies die Aussagen. Schätze dich ein:

- Ich kann Steckbriefe schreiben.
- Ich kann Subjekte bestimmen.
- Ich kann Ortsangaben bestimmen.
- Ich kann Zeitangaben bestimmen.

Ich weiß jetzt:

Ich nehme mir vor:

Über Lernen sprechen: bewerten ihren Lernstand, setzen sich selbst herausfordernde, angemessene Ziele
Richtig schreiben: trainieren Rechtschreibung entsprechend eigener Lernbedürfnisse mit einem individuellen Übungswortschatz

> SB, S. 101

Einen Bericht überarbeiten (Textaufbau)

1 Lest. Sind alle W-Fragen beantwortet?

Wer? Was? Wo? Wann? Wie? Warum?

Wir haben einen Ausflug gemacht.
Zuerst mussten wir Gegenstände tasten,
dann haben wir verschiedene Baumarten
bestimmt und zum Schluss noch
Nistkästen gesäubert.
Josef

2 Schreibe den Bericht mit den fehlenden Informationen vollständig auf. Überlege dir eine passende Überschrift.

Texte planen und schreiben: schreiben eigene informierende, berichtende Texte und achten auf die Vollständigkeit und zeitliche Ordnung der Informationen

> SB, S. 105/106

Verben in der 2. Vergangenheit verwenden

1 Ergänze die fehlenden Verbformen: fragen

	Gegenwart		2. Vergangenheit
ich	frage	ich	habe gefragt
du		du	
er sie es		er sie es	
wir		wir	
ihr		ihr	
sie		sie	

2 Unterstreiche die Verbformen der 2. Vergangenheit.

Oma hat im Garten gezeltet. Nachts hat sie den Sternenhimmel bewundert.
Einige Sternbilder hat sie sofort erkannt.
Sie hat auf ihrer Luftmatratze gefrühstückt.
Fröhlich hat sie die Vögel beobachtet. Ob sie sich die Krümel geholt haben?

3 Schreibe die Sätze aus **2** in der Gegenwart auf.

4 Schreibe mit den Verben Sätze oder eine Geschichte in der 2. Vergangenheit.

essen pflücken bauen entdecken verstecken

Verben in verschiedenen Zeitformen verwenden

1 Kreise die Verben der Bewegung ein.

springen	denken	wohnen	fallen	sprechen
erzählen	rechnen	glauben	hüpfen	bestrafen
rennen	fliegen	lernen	lesen	flüstern

2 Setze die Verbformen von **sein** und **haben** richtig ein. Vergleicht.

Uroma ____________ früher einen Griffel
in der Schule benutzt. Damit ____________ sie
auf einer Schiefertafel geschrieben.
Im Unterricht ____________ alle Kinder nur geflüstert.
Im Schulgebäude ____________ sie nie gerannt.

3 Schreibe eigene Sätze mit Verben der Bewegung in der 2. Vergangenheit.

____

____

____

____

____

4 Unterstreiche in deinen Sätzen aus **3** die Verbformen.

Wortzusammensetzungen untersuchen

1 Finde die zusammengesetzten Nomen.
Schreibe sie auf.

Das Brot mit Butter ist ein ____________________.

Das Brot mit Käse ist ein ____________________.

Der Halm zum Trinken ist ein ____________________.

Die schöne Schrift ist die ____________________.

Der bunte Stift ist der ____________________.

2 Bilde eigene Sätze wie in **1**.

3 Bildet zusammengesetzte Nomen mit Artikel.

kühlen + die Theke	die Kühltheke
das Fahrrad + der Helm	
neu + der Bau	
tragen + die Tasche	
der Finger + der Nagel	
rot + der Stift	
der Arm + das Band + die Uhr	
neu + der Bau + das Gebiet	

4 Schreibe mit den Nomen aus **3** Sätze.

Zusammengesetzte Nomen untersuchen

1 Markiere das Grundwort und schreibe den richtigen Artikel auf.

der	Hausmeister	_____	Hausdach
_____	Hauskatze	_____	Haustür
_____	Blumengeschäft	_____	Blumentopf
_____	Blumenvase	_____	Blumenstrauß

2 Finde den Fehler in jedem Satz. Schreibe die Sätze richtig auf. △

Die Klasse 3c steigt in den reisebus. Ihr Ziel ist das Tiergarten in Nürnberg. Dort besuchen sie der Delfinlagune. Hoffentlich hat jeder an seine getränkeflasche gedacht. Im tiergarten sind Getränke teuer.

Wortfamilien erkennen

1 Markiere den Wortstamm.
Ordne die Wörter zu Wortfamilien. Schreibe sie auf.

Wohnung kühl wohnungslos

Kühlschrank

wohnen

Abkühlung

Bewohner

Kühlfach

Mietwohnung

Verkühlung

Wohnwagen

kühlen

unterkühlt

wohnlich

2 Markiere die Wortstämme.
Ein Wort passt nicht in die Reihe. Streiche es durch.

die Wildnis   wildern   wandern   Wildhüter

Schreck   Geschenk   schrecklich   erschrecken

3 Markiere die Wortstämme. Kreise Wörter, die zur gleichen Wortfamilie gehören, in der gleichen Farbe ein.

fahren   Fahrrad   wahrnehmen
gefährlich   genau   wahr
wahrscheinlich   Abfahrt   Gefahr   Wahrnehmung
Ungenauigkeit   Wahrheit   Genauigkeit
ungenau   unwahr   Fahrstuhl

1 Lies die Wörter mit Silbenbögen.
Kreise in den markierten Wörtern deine schwierigen Stellen und die Aufpassstellen ein.

Mia und Max freuen sich auf das Ferienprogramm. Sie haben schon viele Pläne geschmiedet. Auf jeden Fall wollen sie ins Freibad oder an den See. Auch haben sie überlegt, an dem witzigen Zirkusprojekt teilzunehmen. Auf dem Skaterplatz wollen sie von den Jugendlichen ein paar Tricks abgucken und sie dann selbst ausprobieren. Sie bekommen bestimmt Hilfe und Unterstützung. Am Ende der Ferien möchten sie bei ihren Großeltern übernachten. Sie sind gespannt, ob das klappt. Sie hoffen, dass sich das Wetter nicht ändert, damit sie viel Zeit draußen verbringen können.

S. 76 2 Sortiere die Wörter aus 1. Übe diese Wörter.

3 Markiere im Text in 1 Wortbausteine.

4 Markiert im Text in 1 weitere Aufpassstellen.

S. 78 5 Führt ein Rechtschreibgespräch über die Wörter dieser Seite.

Silbe | mitsprechen | verlängern | ableiten | merken

Richtig schreiben: zeigen Rechtschreibbewusstsein I schreiben gängige Schreibungen routiniert richtig I trainieren Rechtschreibung entsprechend eigener Lernbedürfnisse mit einem individuellen Übungswortschatz

> SB, S. 114
> Rechtschreibgespräch, S. 78
> Wörter üben, S. 76

Diese Wörter aus dem Kapitel kann ich jetzt sicher schreiben:

Ich kann die Verben in der du-Form in der 2. Vergangenheit schreiben:

laufen

fragen

Ich kann zusammengesetzte Nomen mit dem Artikel aufschreiben:

Lies die Aussagen. Schätze dich ein:

- Ich kann einen Bericht überarbeiten (Textaufbau).
- Ich kann Verben in verschiedenen Zeitformen bilden.
- Ich kann Wortfamilien erkennen.

Ich weiß jetzt :

Ich nehme mir vor:

Eine Bastelanleitung überarbeiten | Herbst

1 Lies den Text. Was fällt dir auf? △

Fangbecher

Du brauchst einen Pappbecher, ein Stück Kordel, eine Holzkugel mit Loch, ein Streichholz und einen Schraubendreher.

- ☐ Du knotest am anderen Ende die Holzkugel fest.
- ☐ Du ziehst die Kordel durch das Loch.
- ☐ Du knotest das Streichholz ans Kordelende im Pappbecher.
- ☐ Du fängst die Kugel mit dem Becher.
- ☐ Du bohrst mit dem Schraubendreher ein Loch in den Boden des Bechers.

2 Nummeriere die Sätze aus **1** in der richtigen Reihenfolge.

3 Schreibe die Bastelanleitung mit verschiedenen Satzanfängen auf.

Ein Gedicht untersuchen | Winter

1 Lies das Gedicht.

Glück

Wo kann man Glück nur finden?
Der Käfer sucht es unter ______________ .
Im Winterversteck findet es der Dachs,
der Braunbär hat es beim Fangen vom ______________ .

Kann man Glück etwa kaufen?
Muss ich zum Laden ______________ ?
Wie kann ich danach fragen?
Kann ich Glück überhaupt ______________ ?

Ich nehme eine große Tasche
oder füllen sie es in eine ______________ ?
Wie teuer wird es sein?
Ist es auch nicht zu ______________ ?

Andrea Warnecke

2 Trage die Reimwörter ein.

3 Was ist Glück? △

4 Stellt euch vor, man könnte Glück kaufen.
Sprecht über Vorteile und Nachteile.

5 Lerne das Gedicht auswendig.

Zu Bildern erzählen | Frühling

1 Erzähle.

Das Baumhaus

2 Was sagen die Personen?

3 Sammelt Stichwörter zu den Bildern. Schreibt sie auf Karten.

4 Erzählt die Geschichte mithilfe eurer Stichwörter.

5 Schreibe die Geschichte auf.

6 Nehmt eine Hörgeschichte auf.

Sprechen und Zuhören

Produzieren und Präsentieren

Zu anderen sprechen: bereiten sich je nach Sprechabsicht gezielt vor, indem sie sich Notizen machen | bauen ihre Beiträge wirkungsvoll, nachvollziehbar und logisch auf

> SB, S. 120

Ein Gedicht planen | Sommer

1 Lest das Gedicht.
Es heißt Rondell.
Erklärt.

Zugspitzbahn

Der Berg ist groß und mächtig.
Blauer Himmel strahlt uns an.
Die Seilbahn gleitet zum Gipfel.
Der Berg ist groß und mächtig.
Wir schauen begeistert nach oben.
Der Ausblick ist fantastisch.
Der Berg ist groß und mächtig.
Blauer Himmel strahlt uns an.

2 Sammle Ideen
zum Thema **Ferien**.

S. 77

3 Ergänze das Rondell mit deinen Sätzen zum Thema Ferien.

Ferien sind super.

Ferien sind super.

Ferien sind super.

4 Legt ein digitales Buch mit euren Gedichten an.

A

der **Abend***, die Abende
abends*
alt*, älter, am ältesten
ärgerlich
der **Arm***
der **Arzt***, die Ärzte
die **Ärztin**, die Ärztinnen
der **Ast***, die Äste
das **Auto**
außer*

B

ba|cken*
der **Bä|cker***, die Bäcker
das **Band***, die Bänder
das **Bei|spiel***, die Beispiele
der **Berg***, die Berge
die **Blu|me**
die **Burg**, die Burgen
blei|ben*, bleibt, blieben
blü|hen*
der **Bo|den***
der **Brief***, die Briefe

C

der **Christ***

D

das **Dach**, die Dächer
da|von
das **Ding***
das **Dorf***
dort*
drau|ßen*
dre|hen*
dumm*

E

die **Ein|la|dung**
die **Ei|tel|keit**
die **El|tern***
die **Er|de***
die **Er|ho|lung**
er|lau|ben*, erlaubt
er|schre|cken*
erst*
er|zäh|len*
es|sen*, isst, aßen
et|was*

F

die **Fä|hig|keit**
fah|ren*
das **Fahr|rad**, die Fahrräder
fal|len*, fällt, fielen
die **Fa|mi|lie***
die **Faul|heit**
der **Fin|ger***
der **Fisch***
die **Fla|sche***
die **Frech|heit**
fremd*, fremder
freund|lich
fried|lich
der **Fuchs***

G

der **Gar|ten**, die Gärten
ge|ben*, gibt, gaben

* Diese Wörter sind im Grundwortschatz von Jahrgangsstufe 3 und 4 enthalten.

ge|gen*
ge|hen*, geht, gingen
ge|hö|ren*
das **Geld***, die Gelder
die **Ge|mein|heit**
ge|nau*
ge|ra|de*
gern*
das **Ge|schäft**
die **Ge|schich|te***
das **Ge|sicht***
ges|tern*
die **Ge|sund|heit**
gleich*
das **Glück***
glück|lich*

H

das **Haar***, die Haare
der **Hals***, die Hälse
hal|ten*, hält, hielten
die **Hand***, die Hände
das **Han|dy***
hei|ßen*, heißt, hießen
hel|fen*, hilft, halfen
heu|te*
die **Höf|lich|keit**

I

J

das **Jahr***

K

der **Kä|fer***
der **Kä|fig***, die Käfige
die **Kat|ze**
kau|fen*
kom|men*, kommt, kamen
kön|nen*, kann, konnten
die **Kuh***, die Kühe
kurz*

L

la|chen*
der **Laib***
das **Land***, die Länder
lang*, länger
las|sen*, lässt, ließen
lau|fen*, läuft, liefen
der **Leib**, die Leiber
le|sen*, liest, lasen
das **Licht***
lie|ben*
lie|gen*, liegt, lagen
links*
das **Loch***
die **Luft***
lus|tig

M

ma|chen*
der **Mann***, die Männer
das **Mär|chen***
die **Ma|schi|ne***
das **Meer***
der **Meis|ter**
der **Mensch***
mer|ken*
die **Milch***
mor|gen*
müs|sen*, muss, mussten

N

die **Nacht***, die Nächte
die **Na|del**
die **Na|se***
ne|ben*
neu*
nie*
nie|mals*

O

oben*

P

die **Pfüt|ze***
die **Pup|pe**
die **Piz|za***
der **Platz***, die Plätze
plötz|lich*

Qu

R

das **Rad***, die Räder
die **Rech|nung**
reich*
rei|ten*, reitet, ritten
rie|chen*, riecht, rochen
der **Ring**, die Ringe
ru|fen*, ruft, riefen
rund*, runder

S

die **Sa|che***
der **Saft***, die Säfte
san|dig
schei|nen*, scheint, schienen
schen|ken*
schie|ben*, schiebt, schoben
schla|fen*, schläft, schliefen
schlecht*
schlimm*
der **Schnee***
schnei|den*, schneidet, schnitten
schnell*
der **Schreck***
schreck|lich
schrei|ben*, schreibt, schrieben
schrift|lich
der **Schuh***, die Schuhe
schüt|zen*
schwer*
schwie|rig*
die **Schwie|rig|keit**
schwim|men*, schwimmt, schwammen
sechs*
der **See***
se|hen*, sieht, sahen
die **Sei|te***
sin|gen*, singt, sangen
sit|zen*, sitzt, saßen
die **Skiz|ze***
so|fort*
spre|chen*, spricht, sprachen
sprin|gen*, springt, sprangen
die **Stadt***, die Städte
stark*, stärker
ste|hen*, steht, standen
stei|gen*, steigt, stiegen

der **Stein***
stei|nig
stel|len*
die **Stra|ße***
das **Stück***

T

tan|ken*
die **Tap|fer|keit**
die **Ta|sche***
das **Ta|xi***
der **Text***
tief*, tiefer
das **Tier***, die Tiere
der **Ti|ger***
der **Topf**
das **Tor**
tra|gen*, trägt, trugen
trau|rig
trin|ken*, trinkt, tranken
die **Tür***

U

die **Über|ra|schung**

V

die **Va|se**
die **Ver|bes|se|rung**
ver|ges|sen*, vergisst, vergaßen
der **Ver|käu|fer***, die Verkäufer
die **Ver|let|zung**
ver|lie|ren*, verliert, verloren
ver|ste|cken*
ver|wandt*
viel
viel|leicht*
vier*
voll*
von
vor
die **Vor|be|rei|tung**

W

der **Wa|gen***
wahr*
der **Wald***, die Wälder
wei|nen*
wer|den*, wird, wurden
wer|fen*, wirft, warfen
wit|zig
die **Wo|che***
die **Wurst***

X

Y

Z

der **Zeh***, die Zehen
zehn*
das **Zelt**
die **Zei|tung***
zie|hen*, zieht, zogen
zie|len*
das **Zim|mer***, die Zimmer
zu|rück*
zu|sam|men*
die **Zwie|bel***

Häufigkeitswortschatz

ab

bin
bis
bist

dann

hier
hin

immer
ins

man

nichts
nie
nur

ob
oft

sehr

voll

wann
warum
wenig
wie
wieder

zu
zuletzt
zusammen

Wörter üben

- Ich kann die Wörter in einer Schachtel oder in einem besonderen Heft sammeln.
- Die Wörter, die ich noch nicht so gut kann, soll ich sicher schreiben können. Dafür muss ich sie üben.

Spinnennetz
Ich schreibe die Wörter mehrfach:

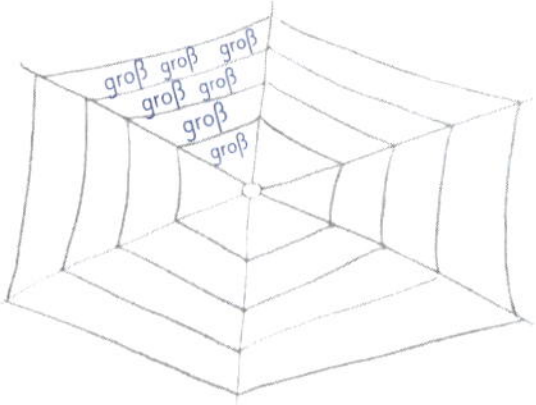

Ich schreibe meine schwierigen Wörter in verschiedenen Farben und Formen auf:

voll vier Handy

Ich ordne die besonderen Wörter nach dem Abc:

Käfer
Märchen

Ich schreibe einen Satz mit vielen besonderen Wörtern:

Im Märchen fährt der Käfer Taxi und holt Pizza.